NEGOCIOS LUCRATIVOS NO CONVENCIONALES

MILCO BAUTE

Creado por: Editorial Baute Production
www.baute.webs.com/bauteproduction.htm
Tel. (813) 693-8879 Email: milcobaute@usa.com
Editado en Tampa, Florida. Año 2017

PROLOGO

Aunque no soy economista ni experto en finanzas, solo me considero un negociante que le gusta informarse e informar a otros. Desde pequeño se lo que es emprender un negocio y luchar por la vida para salir adelante. Eso lo aprendí de mi madre, una mujer trabajadora, luchadora y negociante a la vez, ya que debía mantener sola a tres hijos pequeños, puesto que mis padres se separaron antes de yo nacer, siendo yo el menor de mis hermanos. Ella no solo trabajaba como empleada de una empresa, sino que vendía desde la casa todo cuanto pudiera hacer, puesto que su salario no alcanzaba.

Al salir de Cuba para los Estados Unidos a los 27 años, venia con la idea de luchar e independizarme. Sabía que me tocaría trabajar duro llegando de la nada, sin dinero, sin propiedad o techo permanente, ni crédito disponible, ya que eso no se usa en Cuba. Así como fui independiente en Cuba, quería ser independiente en EE.UU., para no depender solo de un trabajo o ingreso convencional (lineal), sino de mis habilidades, mi capacidad, mis ideas, mi esfuerzo propio, no para enriquecer a otro trabajándole por un salario y cambiando tiempo por dinero, atado a un horario. Que, aunque todos tenemos que pasar por eso al principio, la idea es transcender, tener planes, metas, ideas y emprenderlas para que no todo quede en un sueño. Para esto es necesario una disciplina y estar bien informados.

Esa es la idea principal de este corto documento, informar cómo puede usted para generar ingresos adicionales, sean residuales o lineales, sea a través de redes de mercadeo, inversión simple y sin riesgo o como buscador de tesoro.

En mi libro "El camino hacia la libertad financiera", aprenderá mejor estos conceptos financieros y una explicación más detallada sobre cómo convertirse en emprendedor o negociante. Creo que la diferencia de un emprendedor a un negociante es la manera de hacer el negocio, puesto que el emprendedor se enfoca en un solo negocio, con disciplina, con dedicación y esfuerzo, no importando los fracasos y levantándose nuevamente siempre que el proyecto no salga bien. El negociante es aquel que hace varios negocios a la vez, busca ganar dinero de todo cuanto se le aparezca y pueda, siempre y cuando no perjudique a nadie. Solo ve la luz, crea un plan que va perfeccionando y lo ejecuta con inteligencia y osadía. Para todo siempre es importante tener una visión clara de lo que quiere hacer, estudiar el mercado y analizar los gastos y ganancias, ofreciendo mejores precios.

Aquí le comparto 4 negocios no convencionales en los que puede ganar muy buen dinero, en su tiempo libre, sin riesgo, sin una gran inversión ni reclutamientos.

CONTENIDO

INDUSTRIA DEL BIENESTAR

El negocio número uno. Mas seguro, más lucrativo, más simple y heredable, además; lo encuentra en la Industria del Bienestar, a través de las Ventas Directas por Internet; a lo que yo personalmente llamo "Consumo Directo", ya que no necesariamente puede hacer de esto un negocio para vivir o lucrar sino un simple estilo de vida, por su salud, de su familia; garantizando una vida larga y saludable.

Preste atención, "Cada década nos trae algo grande." En los 70`s fue las micro ondas, en los 80 la video casetera, en los 90 la computadora y el Internet. Las personas que estaban preparadas en los 80`s se convirtieron en millonarios, las que estaban preparadas en los 90`s se convirtieron en multi-millonarios. "¿Qué cree usted que va a pasar en los próximos años?"

En su libro de mayor venta, El Próximo Trillón, el notable economista Paúl Zane Pilszer dijo que para el año 2010, mil billones de dólares adicionales anualmente de la economía de EE. UU. serían destinados a la industria del bienestar, llevando a las personas saludables, productos para hacerlos aún más saludables, lucir mejor y disminuir los efectos del envejecimiento o para prevenir el desarrollo de enfermedades. Piénselo, la mayoría de las ventas de la industria del bienestar ni existían hace unas tres décadas. Hoy las mismas alcanzan un total aproximadamente de 400,000 millones de dólares de ventas anuales, o sea, la mitad de las ventas de automóviles en los EE. UU.

Para el 2010 fueron un trillón de dólares, o sea un millón de millones de dólares anuales. Para aquellos que no son aficionados a las matemáticas, esto es equivalente a un 500% de crecimiento ¿Cómo es posible esta clase de crecimiento?

¿Cómo se puede predecir esta clase de crecimiento?

Dos palabras: Baby Boomers, usted ha escuchado hablar de ellos los pasados 20 años, ellos han estado dirigiendo la economía por 30 años. ¿No cree que es hora de que usted se incluya?, los Baby Boomers tienen ahora de 47 a 65 años, tienen años generando buenos ingresos, más dinero, más poder adquisitivo. Los llamados Baby Boomers son responsables del incremento a la vivienda, los nuevos modelos de carros, la computadora personal y el Internet, en si los Baby Boomers y las cosas que más les agradan representan 5,000 billones de los 10,000 billones de dólares de la economía americana. A pesar de que únicamente son un 30% de nuestra población, representan el 50% del producto interno bruto. Mas significativamente aun, están a punto de añadir 1,000 billones a los 5,000 billones de gastos anuales para preservar una de las cosas que confían será mejor que cualquier carro nuevo, casa o computadora... su juventud.

Juventud... Antienvejecimiento... Salud... BIENESTAR.

La Próxima Gran Revolución.

En los próximos 10 años, lo llamados Baby Boomers estadounidenses, aumentarán sus gastos anuales en servicios de bienestar de aproximadamente 200 mil millones de dólares a 1000 billones de dólares. 1,000 billones de dólares, o sea 2,700 millones de dólares diarios, 114 millones de dólares por hora, 1.9 millones por minuto.

Usted tiene 4 opciones:

1. Como un Profesional

2. Como Fabricante

3. Como Minorista

4. Como Distribuidor

1-Profesionales como Doctores, masajistas terapeutas, quiroprácticos y neuropáticos, podrían hacer una fortuna en los próximos años; si logran pagar sus préstamos universitarios, si son responsables dentro de sus negocios, si siguen cambiando tiempo por dinero.

2-El ser fabricante es un gran negocio, si usted tiene millones para invertir en infraestructura, patentes, investigación, recibo y embarque.

3-Minorista Claro que es una gran oportunidad, si usted puede pagar el costo de la franquicia, semana de 7 días de trabajo, publicidad, inventarios y problemas de empleados.

4-Distribución? Bueno, las fortunas personales más grandes en las tres últimas décadas fueron hechas por personas que hallaron mejores métodos para distribuir las cosas en vez de mejores maneras de hacer las cosas. Gentes como "Sam Walton de Wal-Mart, Frederick W. Smith de Federal Express (FedEx) y Jeff Bezos de Amazon.com" ¿qué tiene en común?... Todos son o eran "DISTRIBUIDORES".

Pero ¿dónde hallaron mejores métodos para distribuir físicamente sus productos que los consumidores ya sabían que deseaban?, los nuevos multimillonarios del siglo XXI están haciendo sus fortunas educando a los consumidores de nuevos productos y nuevos canales de distribución. Se le conoce como "Negocios a la velocidad del pensamiento", mejores productos, mejor distribución, mejor oportunidad. ¿Por qué? porque 78 millones de Baby Boomers con 1000 billones de dólares en efectivo, no pueden ser ignorados. Ellos quieren patinar, manejar autos deportivos, no quieren envejecer y están dispuestos a gastar cualquier cosa para mantenerse jóvenes, saludables y llenos de vitalidad.

En los próximos 10 años, los Baby Boomers estadounidenses aumentarán sus gastos en servicios básicos de bienestar de aproximadamente 400 mil millones de dólares a un trillón de dólares anuales. ¿Estará usted listo?

Un modelo que usted puede iniciar a medio tiempo desde su hogar, sin invertir un gran capital, sin empleados y sin el tradicional dolor de cabeza de ser propietario. Un negocio en su tiempo libre donde podría ganar desde $ 500 extras, hasta miles al mes o más.

Además de que, como PROMOTOR O DISTRIBUIDOR INDEPENDIENTE, trabajando desde su hogar podría obtener increíbles beneficios fiscales.

Imagínese que es 1980 y Bill Gates está buscando inversionistas, él piensa que va a tener lugar una gran expansión de computadoras personales, ¿qué va a hacer usted esta vez?

Recuerde que Sam Walton inició Walmart a los 44 años, a los 61 era el hombre más rico del mundo, en aquel entonces.

¿Cuál es su excusa?

Una cosa es cierta, si usted analizó este escrito y captó solo una décima parte no puede decir que no sabía. Cuando sus hijos y sus nietos le pregunten acerca de la gran prosperidad a inicios del

2000.   ¿Qué les va a decir?   ¿Les explicará cómo se benefició de la oportunidad? ¿O tratará de justificarse de haberla perdido?

Las estadísticas son reales, las tendencias son reales, el momento oportuno es real.

¿Cuántas oportunidades más cree que le van a llegar?

Lo que sea que haga, no se pierda esta.

"Los negocios con tacto suficiente para determinar lo que los Baby Boomers quieren, aprovecharán una ola de consumidores de productos y servicios que darán de qué hablar por mucho tiempo".

VENTAS DIRECTAS

El negocio del siglo XXI al cual la revista Forges lo llamó "El fenómeno de las ventas directas"

Ha crecido constantemente durante los últimos 30 años y ha dado un salto arriba del 99 % en los últimos 20 años. Hoy en día sus ventas anuales se traducen en más de 4 billones de dólares en los Estados Unidos y más de 200 billones de dólares en el mundo entero. Es un negocio hecho a prueba de cualquier recesión. Cada semana más de 180 mil personas en Los Estados Unidos y más de 300 mil alrededores del mundo se unen a esta gran empresa, y menos del 1 % de la población mundial participa hasta ahora. Esto es una mínima fracción de su potencial de crecimiento.

El inversionista millonario Warren Buffet lo llamó "La mejor inversión que pude haber hecho". Más de 25 millones de norteamericanos y 90 millones de personas en el mundo participan en este.

En la actualidad nos encontramos viviendo un cambio económico masivo en el mundo entero. Día a día son cada vez más personas que están perdiendo sus empleos, empresas y más aceleradamente que nunca. La buena noticia es que nuevas y mejores oportunidades se están abriendo más rápido que nunca. Las personas que reconocen las nuevas tendencias y que lo arriesgan todo en estas nuevas industrias son las que ganarán enormemente.

La revista Forges sugiere, "Olvídese del cheque semanal o quincenal, se acabaron los días del formulario de impuestos W-2, estamos en el mundo de las fórmulas 1099.

¿Cómo funcionan?

Las ventas directas en la actualidad se basan en un simple hecho de la naturaleza humana. Cada ejecutivo de publicidad y director de Hollywood sabe muy bien que nada vende mejor un producto o servicio que la recomendación de boca en boca de un amigo. No importa cuántos millones de dólares una película de cine gaste en publicidad, la película nace o muere por la recomendación hecha el primer fin de semana que se exhibe en taquilla. Lo que algunos llaman la mercadotecnia oral es el poder personal, la fuerza tras el éxito fenomenal de las ventas directas.

En vez de emplear un equipo de ventas directas por separado, las compañías de ventas directas recompensan a la gente que utilizan, aprecian o recomiendan con entusiasmo el producto o servicio.

Actualmente los distribuidores de ventas directas, o sea, los representantes asociados o dueños de negocios independientes, le informan a la gente, generalmente a la gente que conocen, acerca de los productos y servicios que pueden mejorar la calidad de sus vidas. Estas conversaciones personales pueden llevarse a cabo en casa, en el trabajo, en una cafetería o en cualquier lugar.

Muy seguido ocurren por teléfono, y cada día más por internet. Hoy en día más del 80 % de las compañías que se dedican a las ventas directas, usan un plan que recompensan los esfuerzos.

Esto significa que los distribuidores son premiados por sus ventas y por la gente que han invitado a formar parte de su equipo. En otras palabras, la estructura de recompensas aumenta tu poder de ganancias haciéndola lucrativa para construir, entrenar y manejar la organización.

La mayoría de los vendedores manejan su negocio desde la casa y lo combinan con otro trabajo convencional, se ahorran los gastos de oficina, licencias y gastos de nómina. Esta es una manera muy práctica para iniciar tu propio negocio.

¿Por qué le funciona tan bien a tanta gente?

La gente confía en recomendaciones personales

Vivimos en la era de la información, constantemente estamos siendo bombardeados por los medios, desde los comerciales de televisión, avisos publicitarios por internet, publicidad en revistas, testimoniales y productos que nos saltan a la vista en todo momento. Simplemente, ya no confiamos en esos mensajes. En lo que si confiamos es en nuestros amigos, en su palabra, en sus recomendaciones y es aquí donde radica el poder de las ventas directas.

Las ventas directas son el negocio perfecto para la economía actual. Cuando se trata de vender, lo que funciona es comunicar mensajes personales, mensajes que la gente aprecia y considera importantes. Los vendedores de ventas directas tienen la mejor disposición de hacerlo.

El auge de los negocios desde casa

Hay muchas compañías que están reduciendo su capacidad, que prefieren hacer negocios virtuales o conducirlos en zonas libres de impuestos, llevándose los trabajos para allá.

Uno de cada 8 hogares en Estados Unidos, hace negocios desde casa. La visión de tener un trabajo en Estados Unidos ha cambiado, se acabó el plan de jubilación a 40 años. Hace 30 años, el camino más seguro para lograr éxito financiero era ir a la universidad, conseguir un buen empleo y trabajar arduamente. Abrir un negocio por tu propia cuenta era riesgoso, hoy en día sucede lo contrario.

En la economía ya no habrá más trabajo sino solo negocios, todos nos convertiremos en empresarios, manejaremos nuestros propios negocios, tomaremos nuestras propias decisiones y esto significa que podrás trabajar desde casa.

Una de las razones más poderosas del éxito de las ventas directas es que la gente aprecia los beneficios que obtiene al trabajar por su cuenta y disfruta de la libertad de planear su propia prosperidad. Ya no hay que manejar a ningún lado, se acabó el jefe, tú eliges cuando trabajar, como trabajar y con quien trabajar. Lo mejor de todo es que ya no tienes que elegir entre compartir con tu familia o dedicarte a tu trabajo, hoy en día, el internet lo facilita todo. Siendo vendedor, podrás expandir tu negocio a Chicago, San Francisco, Hong Kong, Londres o donde sea y te sobrará el tiempo.

Una baja inversión y bajos riesgos generan altos réditos y ganancias

Es muy fácil empezar a vender, el método es práctico y accesible para millones de personas, ya que les permite generar un ingreso adicional sin tener que dejar su otro trabajo. Una compañía típica de ventas directas te da todas las herramientas, sistemas de entrenamiento necesario para echar a andar tu negocio y obtener ganancias de inmediato. Esto, con un mínimo de inversión inicial.

Lo bello de las ventas directas es que ellas trabajan para ti, no hay un horario, no tienes que crear un plan de negocios, ni crear un producto. Lo único que tienes que encontrar es una compañía conocida que puedas confiar y que te ofrece un producto o servicio en el que realmente creas.

Las ventas directas te dan la oportunidad de ganar un dinero extra para que puedas comprar tu libertad. Para muchos, ese poquito extra de dinero, acaba por ser una gran cantidad de dinero. Mas del 80 % de los vendedores que se dedican a las ventas con el fin de obtener un ingreso adicional trabajan medio tiempo. Muchos de ellos se han vuelto ricos.

Las ventas directas ofrecen la oportunidad de construir y generar tus propias ganancias y hacerte de una gran fortuna con poco riesgo y poco compromiso económico.

El acceso a los mercados nacionales e internacionales

Se acabaron los días en que la gente vendía en sus comunidades. Hoy por hoy, una combinación de crecimiento de otros países, nacientes mercados industriales y las flexibilidades de las reglas del comercio hacen posibles que más compañías de ventas directas puedan expandir mundialmente, esta es la mejor de las noticias para ti. El internet te da las herramientas necesarias para aprovechar esta explosiva tendencia mundialmente. Hoy en día, la combinación de crecimiento global, los mercados industriales emergentes y las reglas flexibles del comercio hacen posible que muchas compañías de ventas crezcan alrededor del mundo. Tú puedes manejar un imperio nacional e incluso global desde tu casa. Hacer que tus negocios se expandan de costa a costa en cualquier ciudad del mundo.

Ventajas sobre impuestos

Una de las razones más poderosas de trabajar en una compañía era tener una pensión y una buena cobertura de gastos médicos, pero ya no es así. Ha habido cambios recientes en Los Estados Unidos y el mundo respecto a las leyes de impuestos, dándoles a los que trabajan por su cuenta, la posibilidad de disfrutar igualmente de ahorros por impuestos diferidos, los mismos beneficios que obtendría trabajando en una empresa, a través de innovaciones como el plan One person for 1K, SEPIRA y las cuentas de ahorros para la salud. El congreso finalmente ha creado un campo de acción para empresarios. Este cambio ahora hace posible que pueda acumular millones de dólares y flujo de dinero en efectivo desde tu negocio en casa, de maneras que antes no tuviste a tu alcance.

Tener un negocio en casa te permite reclamar deducciones sustanciales de impuestos, como ciertos gastos de oficinas, tu casa, en una porción de la renta o hipoteca, gastos de viajes, resultando en grandes ahorros para tus impuestos.

Ingresos residuales

Desde el sueldo mínimo que gasta una cajera en un restaurant de comida rápida hasta el que gana el abogado o contador más cotizado, intercambiar tiempo por dinero es un torbellino que no conduce a nada, porque el día que dejes de trabajar, dejas de ganar. Si trabajar por un sueldo no te garantiza libertad económica, ¿Cómo puedes obtenerla? Hay una respuesta. Con los ingresos residuales, el dinero que seguirá entrando mucho después de que terminaste el trabajo que lo generó. Cualquiera que fueran las fuentes los ingresos residuales son lo esencial de las ventad directas. Precisamente lo genial del modelo de las ventas directas es que ayuda a que los ingresos residuales sean una posibilidad viable para toda la gente, no importa la edad, el origen, la educación o las habilidades de cada persona.

No todo el mundo puede ser dueño de una propiedad o ser famoso por haber escrito un Best Seller, sin embargo, todo el mundo puede entrar a las ventas directas.

Las ventas directas le dan la oportunidad a todo el mundo.

Las ventas directas representan la forma más pura de la igualdad de oportunidades a través del mercado libre, de hecho, uno de los factores más importantes de esta industria es que pueden participar hombres y mujeres de todos los estratos sociales, todas las edades, razas, grupos étnicos y económicos.

Más de la mitad de los éxitos de ventas directas han sido obtenidos por mujeres. Esta industria se ha disparado. En las ventas directas no hay discriminación por género, raza u otra razón. Los vendedores que más ganan representan un grupo heterogéneos de personas que han tenido mucho éxito. Según la asociación de ventas directas de Washington DC,

24 % de los vendedores salieron de High School, 35 % son graduados de la Universidad y uno de cada 12 tiene un postgrado.

Para tener éxitos en las ventas directas no tienes que tener antecedentes de vendedor, ni una personalidad especial. Los que sobresalen no siempre son los que tienen mejores habilidades. Lo importante es ofrecer un elemento especial que la gente no puede conseguir en ningún otro lado. Los grandes vendedores siempre tienen algo de valor que ofrecer, lo importante no es el valor del producto sino la emoción que despierta en el comprador.

Las ventas directas promueven valores éticos

Hoy en día no es suficiente ganarse la vida, lo importante es vivirla con pasión y sentido. Hoy más que nunca la gente desea prosperar, tener el estilo de vida que también contribuya el bienestar de los demás.

Conducirse con profesionalismo es un ejemplo para las organizaciones del futuro. Hay que tener un espíritu de libertad y trabajar en sociedad, no de control y propiedad. Los vendedores con más éxitos saben que la única manera de sobresalir es ayudando que otros logren el éxito.

Para muchos vendedores la satisfacción de que otros logren el éxito es una de las razones más importantes de por qué eligieron esta profesión.

Las ventas directas te ayudan a desarrollar habilidades básicas para la vida. Te entrenan para que las puedas poner en práctica en la vida diaria y no las teorías de los negocios que te enseñan en la escuela.

Las ventas directas ayudan a reafirmar el valor y potencial de las personas dando paso a un flujo de ingresos alternativos que pueden marcar una diferencia enorme en sus vidas. Es una oportunidad empresarial en las que podemos hacer uso de nuestro talento y pasión para lograr algo en la vida.

Somos partes del movimiento global que promueve el mercado libre y que premia la iniciativa individual. En un sentido, las ventas directas promueven valores importantes a nivel global.

¿Si las ventas directas son tan maravillosas por qué no hemos escuchado más al respecto?

Puede ser que no te hayas dado cuenta. Las compañías de ventas directas han sido parte de la vida norteamericana por más de un siglo. En un estudio reciente realizado por la Asociación de Ventas Directas se encontró que 3 de cada 4 americanos han comprado algo de un vendedor, al menos una vez en su vida.

Rogert Barnett especialista newyorkino en inversiones y que hoy es dueño, presidente y senior de una compañía multinacional de ventas directas dijo: "Es el secreto mejor guardado del mundo de los negocios, en los últimos dos años todo esto ha cambiado y el secreto mejor guardado ya no es tan secreto"

Nuestro espíritu empresarial es una fuerza que atraerá a 200 millones de personas en la próxima década.

Barnett añade: "En los próximos 10 años esta industria contará con más crecimiento del que tuvo en los últimos 50 años".

¿Quién está participando?

El creciente éxito de las ventas directas ya mencionados en periódicos y revistas como Forges, Fortune, News Week, Time, USA Today, New York Times, The Wall Street Journey y la revista Success from Home. Una razón importante es el crecimiento y las cifras que van en aumento; la otra es los expertos mismos y las compañías Fortune 500 quienes se interesan en el éxito de esta industria fenomenal.

En el 2002 el experto e inversionista de la bolsa de valores Warren Buffet impresionó a Wall Street al comprar The Pampers Chef, una compañía de ventas directas. Buffet ahora es dueño de 3 compañías de ventas directas y ha dicho: "Es la mejor inversión que he hecho en mi vida". Warren Buffet no está solo, otros inversionistas importantes ven hacia el futuro y ansiosamente quieren participar de este negocio.

En su último libro best seller, The Next Millonaries, el profesor Paul Zane Pilzer predice que habrá 10 nuevos millonarios en los Estados Unidos en los próximos 10 años y que muchos de ellos participaran en los negocios de las ventas directas.

Tu éxito es producto de las recomendaciones que se hacen de boca en boca. Las relaciones interpersonales son claves para el auge de las empresas que operan desde la casa, requiere que inviertas poco y son de bajo riesgo, te ofrecen alta recompensas como el acceso a los mercados internacionales y ventajas importantes sobre tus impuestos y garantizan un trayecto de ingresos residuales. Las ventas directas están abiertas a todos, no importa la edad que tengas, tu estado económico, educación o experiencia, promueven valores sólidos y éticos que hoy más que nunca, la gente está ansiosa de tener.

Para 25 millones de norteamericanos y más de 70 millones de personas más en todo el mundo que ya participan, el negocio de las ventas directas está en pleno auge.

¿Puedes darte el lujo de ignorar todo esto?

Al paso que va esta industria, el secreto mejor guardado del mundo de los negocios ya no será un secreto.

Ahora es el momento perfecto para que te unas a esta explosión empresarial. Aprovecha esta extraordinaria oportunidad, asegura tu futuro y establece tu negocio en casa. Cambia tus prioridades financieras para siempre, comienza tu propio negocio de ventas directas hoy mismo.

En el negocio de Redes de Mercadeo o Ventas Directas solo hay dos empresas confiables por su largo historial, seguras porque están registradas en el Better Business Bureu con un A plus además y porque son productos y servicios que todos tenemos que usar, lucrativas porque usted puede convertirse en millonario con algo tan simple, muy poca inversión y poco tiempo que le dedique. Estas son Armway y Melaleuca. La diferencia está en los precios, la forma de hacer el negocio y que Armway le paga como distribuidor y Melaleuca como promotor.

VALOR ADQUIRIDO

Antes de decirle que hacer para ganar buen dinero extra con la empresa más sólida, segura y que mejor paga en la Industria del Bienestar a través de las Ventas Directas, quiero hablarles del valor adquirido de los artículos del hogar o sea de los bienes comerciales.

¿Sabía que usted tiene una mina de oro en su hogar?

Como aquí vemos en este ejemplo. Una botella de coca cola que tiene un precio minorista de $1, la más pequeña en este caso. Solo cuesta 37 centavos su fabricación. Y el resto es el valor adquirido, o sea, 63 centavos.

 Valor Minorista: $ 1.00

Valor de Fabricacion: 0.37 centavos

Valor Adquirido: 0.63 centavos

En el caso que usted la compre en una tienda, ese valor adquirido va a parar al bolsillo de los comerciantes. En otras palabras, hemos pagado más del doble de su valor.

Ahora bien, este valor adquirido que se llevan los anunciantes y tiendas o supermercados le pertenece a usted, usted puede ganárselo. ¿Como? Buscando la vía correcta, comprarlo directamente a los fabricantes.

Todo lo que involucra dinero es un negocio, ya sea que usted venda o compre, está haciendo un negocio. ¿Cuál es el negocio tradicional que usted hace ahora? Es comprar en una tienda sus necesidades.

Modelo de Negocio Tradicional (Era Industrial) vs Ventas Directas al Consumidor (Era de la Información).
Hasta un 63% del precio de los productos de los súper mercados se gasta en publicidad e intermediarios.

Publicidad

Distribución Minorista
(Tienda de Preferencia)

$150 Promedio

Fabricante

Membresía Cliente Preferencial $29.00
- Compras de $50 ~ $60 al mes.
- Productos de Mejor Calidad.
- Rebajas y Buenos Precios 30%~40%.
- $100 Por Lealtad de Compra.
- 15% Descuento en más de 600 tiendas asociadas.
- Ingresos Compartidos.
- Sin Riesgo.

~63% Valor Adquirido
$150 * 37% = $55.50
$94.50

Las compras mensuales predecibles le permiten al Fabricante:
Reducir los costos operativos. Fabricar los productos de acuerdo con la demanda. Eliminar los gastos de almacenamiento.

Ya usted sabe que estamos en la segunda década del siglo 21 y eso no necesita recordárselo, pero seguimos haciendo las cosas como le segunda década del siglo 20, o sea, tenemos 100 años de atraso.

¿No será por eso por lo que no avanzamos, que seguimos en las mismas?

Trabajando 40 años y más, retirarnos y tener que seguir trabajando hasta morirnos porque no nos alcanza y no podemos ni queremos depender de otros, ni del gobierno, porque no tenemos una pensión razonable.

Al comenzar el siglo 21 hemos entrado en la era de la información, y hemos dejado atrás la era industrial, pero aún seguimos dependiendo de ella. Eso puede cambiar si cambiamos la forma de hacer las cosas para ganar lo que nos pertenece y lo que realmente valemos.

Se estima que el hogar promedio en Estados Unidos gasta o consume $150 al mes en artículos básicos.

Como dijimos antes, 63 % de este consumo es para pagar publicidad e intermediarios, o sea, el costo real es $55 con 50 centavos y los comerciantes se llevan $94.50 de sus compras.

¿Qué tal si le doy la fórmula para ganarse este dinero? ¿Como hacemos? Bien sencillo:

En esta tabla, nos dice que el gobierno calcula que hay unos 118 millones de hogares en EU.

Gastos en un Hogar en Estados Unidos

El gobierno calcula que hay 118 Millones de hogares en Estados Unidos

$133,812,000,000.00

Gastos Mensuales en los Mercados	12 Meses	37% Costo de Fabricación	63% Valor Adquirido	Bienes Comerciales Publicidad / Minorista	12 Meses
$70.00	$840.00	$25.90	$44.10	$44.10	$529.20
$100.00	$1,200.00	$37.00	$63.00	$63.00	$756.00
$150.00	$1,800.00	$55.50	$94.50	$94.50	$1,134.00
$200.00	$2,400.00	$74.00	$126.00	$126.00	$1,512.00
$250.00	$3,000.00	$92.50	$157.50	$157.50	$1,890.00
$300.00	$3,600.00	$111.00	$189.00	$189.00	$2,268.00
$350.00	$4,200.00	$129.50	$220.50	$220.50	$2,646.00
$400.00	$4,800.00	$148.00	$252.00	$252.00	$3,024.00
$450.00	$5,400.00	$166.50	$283.50	$283.50	$3,402.00
$500.00	$6,000.00	$185.00	$315.00	$315.00	$3,780.00
$550.00	$6,600.00	$203.50	$346.50	$346.50	$4,158.00
$600.00	$7,200.00	$222.00	$378.00	$378.00	$4,536.00
$650.00	$7,800.00	$240.50	$409.50	$409.50	$4,914.00
$700.00	$8,400.00	$259.00	$441.00	$441.00	$5,292.00
$750.00	$9,000.00	$277.50	$472.50	$472.50	$5,670.00
$800.00	$9,600.00	$296.00	$504.00	$504.00	$6,048.00
$850.00	$10,200.00	$314.50	$535.50	$535.50	$6,426.00
$900.00	$10,800.00	$333.00	$567.00	$567.00	$6,804.00
$950.00	$11,400.00	$351.50	$598.50	$598.50	$7,182.00
$1,000.00	$12,000.00	$370.00	$630.00	$630.00	$7,560.00

Solo el 7% de la población en Estados Unidos conoce de Melaleuca

A la izquierda tenemos unos gastos mensuales aproximados. Tomando como referencia el tercero, o sea, $150 en un mes, tenemos que gastamos un mínimo de $1800 al año, el costo de fabricación total fue de $55.50 en ese mes y el valor adquirido de esa compra fue $94.50, lo cual usted pago a la publicidad y al minorista. En un año les habrá pagado $1134. Si usted aprende a ganar ese dinero, usted por consiguiente no tendría que pagar por ningún artículo, porque todos le hubieran salido gratis. Suena un poco loco esto, pero es solo porque usted lo desconoce. La idea es que usted aprenda este concepto, no pierda más su tiempo y comienza a ganar lo que le pertenece, asociándose a quienes le pagan.

¿Ha escuchado hablar alguna vez del ingreso residual?

A diferencia del ingreso lineal, en el cual cambiamos tiempo por dinero, cumplimos un horario y si faltamos o dejamos de trabajar también dejamos de producir, dejamos de ganar dinero, En el ingreso residual, hacemos un trabajo y seguimos ganando dinero por el mismo trabajo que ya hicimos. Por ejemplo, un cantante compone, graba su disco, lo producen y luego comienza a ganar dinero cada día por personas que compran su disco. Muchos de ellos se hacen ricos, porque la canción pega o tiene un buen equipo de apoyo que lo ayuda a promover su disco. Lo mismo con los productores de películas, los escritores, los inventores, etc.

¿Quiere ganar un ingreso residual mensual sin esfuerzo, sin horarios por salarios? Le mostrare como ganar dinero durmiendo incluso. ¿Tiene metas y propósitos en lo económico? Pues si es así, comencemos a trabajar, escríbame a milcobaute@usa.com.

La mayoría de las personas trabajan por compromiso, no por dinero. Compromiso con la familia, los biles o cuentas que tienen que pagar, las deudas que tienen que saldar.

Yo les voy a enseñar a trabajar por dinero. Con nosotros puede ganar lo que quieran y lo que valen, en definitiva, ya lo están haciendo, pero con quien no les paga.

LA COMPAÑIA DEL BIENESTAR

La empresa que les presento se llama Melaleuca, la compañía del Bienestar.

Esta compañía tiene la exclusividad de las ventas directas. No necesita ser distribuidor, solo promotor, no necesita comprar para vender, sino solo compartir su experiencia como consumidor.

Las personas compran directo a la fábrica todas sus necesidades y ellos comparten sus ingresos con nosotros quienes promovemos este modelo. Ese 63 % del valor adquirido que hablamos anteriormente.

Como ven en el lado izquierdo, el modelo tradicional de negocios, de consumo, el cliente no forma parte de la sociedad ni gana dinero ninguno, sin embargo, es el que les genera el 100 % de la ganancia a ellos.

En el lado derecho el cliente informado, educado, inteligente, es parte del negocio, adquiere artículos de mejor calidad a mejores precios, porque el fabricante al quitarse los

intermediarios, invierte más en la calidad y la seguridad del producto con mejores ingredientes que no afectan la salud. El cliente gana dinero de su valor adquirido en este caso, en este modelo, con esta empresa, al compartir esta información con otras personas que entren a formar parte de esta sociedad.

Nadie tiene que invertir sino cambiar de marcas o de tienda, nadie tiene que distribuir, solo informar, seguimos haciendo el mismo negocio que siempre hacemos, pero con quien nos paga. Nosotros solo conectamos a las personas con los fabricantes.

Como ven en este grafico esta empresa no tiene deudas, no está en la bolsa de valores, porque todo lo tiene pagado, no necesita inversionistas, tiene un historial que se puede comprobar. De más de 27 años.

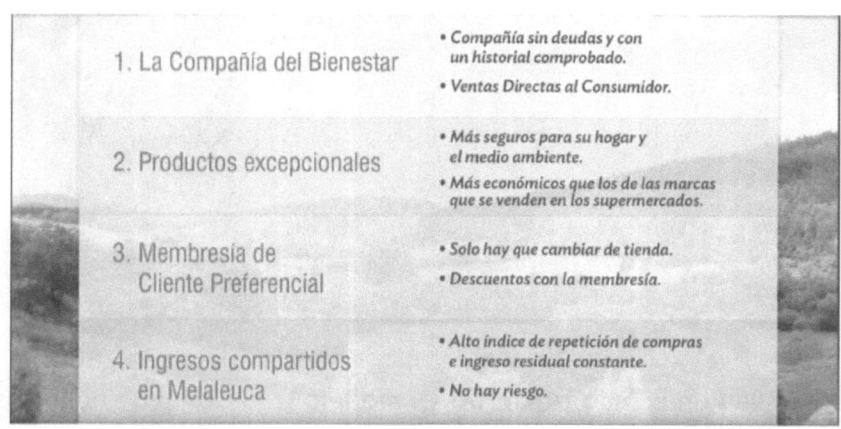

1. La Compañía del Bienestar
- Compañía sin deudas y con un historial comprobado.
- Ventas Directas al Consumidor.

2. Productos excepcionales
- Más seguros para su hogar y el medio ambiente.
- Más económicos que los de las marcas que se venden en los supermercados.

3. Membresía de Cliente Preferencial
- Solo hay que cambiar de tienda.
- Descuentos con la membresía.

4. Ingresos compartidos en Melaleuca
- Alto índice de repetición de compras e ingreso residual constante.
- No hay riesgo.

Una empresa basada en principios y valores. Es por eso que ha ganado muchos premios y se encuentra en el salón de la Fama de La Inc 500 y del Better Business Bureu, o sea el buró de buenas prácticas comerciales.

Fabrica productos excepcionales más seguros para el hogar y el medio ambiente, y hasta más económicos.

Al formar parte de esta sociedad obtenemos muchos beneficios, como descuentos en más de 350 productos y muchos otros artículos de cientos de comerciantes asociados.

Tiene un 95 % de repetición de compras por la calidad que ofrece.

Garantiza un ingreso residual todos los meses para los que quieran promover o recomendar y no hay riesgo ninguno porque no hay contratos.

En este grafico vemos el crecimiento que ha tenido desde 1985.

Aquí tenemos el concepto de compartir los ingresos.

Todos tenemos las mismas necesidades y esas necesidades vamos a convertirlas en un ingreso residual para toda la vida.

Compramos o adquirimos los productos por teléfono o Internet. Es muy sencillo.

Recuerde que no hay riesgo, si algo no le gustara, se le devuelve su dinero o se le cambia.

Cuando referimos o ayudamos a alguien a obtener estos beneficios ganamos dinero por cada una de sus compras. Parte de ese 63 % del valor adquirido de ellos y de sus referidos a la vez. A esto es lo que se le llama apalancamiento, en ingles seria leverage. Que es el sistema que usan los grandes mercados, el de valores, el intercambiarlo y el de bienes raíces, es por algo por lo que somos capitalistas. Recuerde que un sistema capitalista quien triunfa es el capitalista, que no necesariamente necesita un gran capital para hacerlo. ¡Por tanto es hora ya de convertirse o actuar como un capitalista. ¡No necesita invertir dinero ni mucho tiempo!

Y aunque este mercado de referidos o consumo mercantil se le parezca a algo que le digan MULTINIVEL, NO es así. NO es ni semejante, ni parecido, ni se relaciona en lo absoluto.

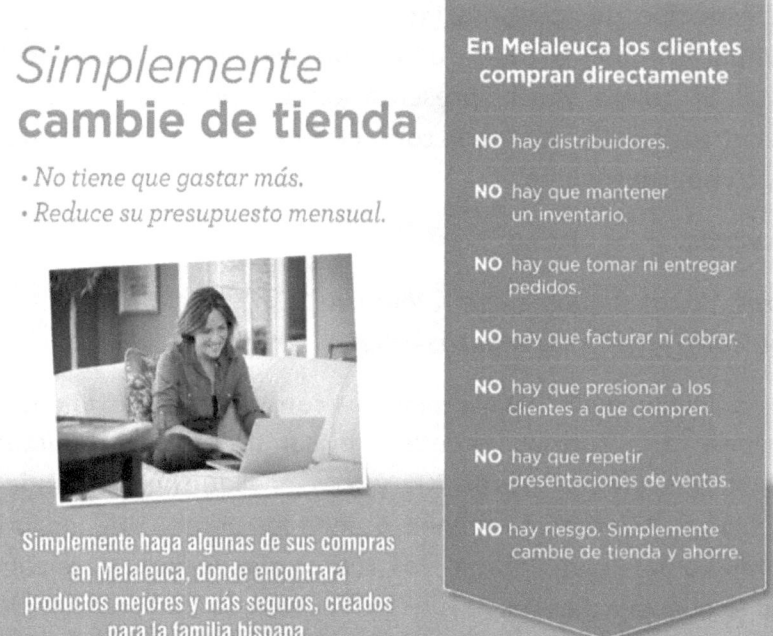

Simplemente
cambie de tienda

· *No tiene que gastar más.*
· *Reduce su presupuesto mensual.*

Simplemente haga algunas de sus compras en Melaleuca, donde encontrará productos mejores y más seguros, creados para la familia hispana.

En Melaleuca los clientes compran directamente

NO hay distribuidores.

NO hay que mantener un inventario.

NO hay que tomar ni entregar pedidos.

NO hay que facturar ni cobrar.

NO hay que presionar a los clientes a que compren.

NO hay que repetir presentaciones de ventas.

NO hay riesgo. Simplemente cambie de tienda y ahorre.

Aquí no se necesitan distribuidores, nadie tiene que hacer inventario, ordenar y entregar pedidos, facturar ni cobrar, ni presionar a nadie. Con nosotros ni siquiera tiene que dar presentaciones, molestar a sus familiares y amigos o convencer a nadie. Nosotros hacemos todo por usted, TODO, incluso también le podemos dar una lista de personas que buscan un ingreso extra, para que los contacte y los invite a nuestras presentaciones online, en nuestros centros de presentación y entrenamiento, iglesias, hoteles, etc.

¿Que nos tiene esta empresa para ofrecer primeramente?

Por cuestiones de ética y debido a las políticas y regulaciones de la empresa, no me es permitido compartir en un libro la presentación de este tipo de consumo inteligente o negocio. Por lo que les comparto el link o enlace donde pueden ver la presentación en vista. Si quiere ver la presentación en video por uno de los ejecutivos de ventas, puede contactarme a *milcobaute@usa.com* y les comparto el video.

En vistas:

https://photos.google.com/album/AF1QipPgK_tMjJ-7oustdAj7yZ_ETS13mwxgLgSkrKLH

En la página web www.melaleuca.com y en los catálogos que recibirá cada hermano pueden revisar todos los productos del fabricante, que son más de 400, y escoger el que necesite cada mes, ya sea por teléfono o en línea. Suman los puntos que indica cada producto para completar así los puntos que necesita para comprar con lo que va a diezmar.

Escribanos a *milcobaute@usa.com* para asistirles mejor y hacerle su matrícula. Somos un equipo de resultados y de profesionales que le ayudaran a que logre sus metas.

Luego de su matrícula le ayudaremos a crear su página virtual de Melaleuca y tenga acceso a toda la información y entrenamiento online, así como a la tienda de productos y servicios directamente.

BITCOIN

Bitcoin no es un negocio de redes de mercadeo, multinivel ni algo así. No necesita dar presentaciones, comprar o vender productos, ni llamar o hablar con alguien. Bitcoin es una moneda digital que se esta usando mucho y la cual su valor supera cualquier divisa. Cuando usted abre una cuenta con Bitcoin e invierte algún dinero, es como si estuviera participando en el mercado de valores o mercado intercambiario (divisas) sin necesidad de conocimiento en inversión ni de la Bolsa. Cualquiera gana, solo se necesita tener dinero en la cuenta de Bitcoin. En otras palabras, es como una cuenta bancaria en la que su dinero gana valor, su dinero crece como la espuma.

Antes de explicarle este tipo de negocio lucrativo primero déjeme explicarle bien el concepto de dinero.

El dinero es:

1. Un modo de intercambio. El dinero no es de nadie, no tiene dueño (en todo caso es de Dios).

2. El dinero tiene que fluir, no se puede estancar.

3. El dinero genera dinero. Es la mejor forma de ganar dinero. Trabajar para otro o prestar un servicio es solo una manera, pero nadie se hace rico trabajando.

Aplica estos tres principios básicos y comienza a hacer lo que hacen los que tienen dinero, y tu vida cambiara, comenzaras a ganar el dinero que necesitas, el que deseas y el que mereces.

Te enseñaron a buscar empleo, a estudiar para ganar más (pero trabajando para otro), a que hay que tener mucho dinero para comprar activos o comenzar un negocio prospero, y eso lo ves muy lejos para lograr. Mentiras, solo te quitaron el sueño, te pisotearon tus metas y propósitos; te han enseñado a ser esclavo de otro que controla tu vida y tu tiempo. Lo peor es que eso mismo le enseñas a tus hijos.

Se pierde cuando se pierde el sueño, pero despierta, no te quedes dormido, porque ya estamos en la segunda década del siglo 21. En el mundo hay para todos, solo que los visionarios y emprendedores lo alcanzan, los otros seguirán en las mismas o peor aún.

Estamos acostumbrados a asociar el trabajo con dinero y el dinero con trabajo. Creemos que la única forma de generar o ganar dinero es haciendo un trabajo tradicional, o que el trabajo solo se hace para ganar dinero. Muchas veces trabajamos, o hacemos un trabajo sin ganar dinero. Solo ganamos dinero cuando hacemos un contrato o damos un servicio por nuestro trabajo. También estamos acostumbrados a asociar el trabajo con algo físico, y no siempre es así, pues hay muchas maneras de hacer un trabajo y esto solo requiere la mente o la voz. Un trabajo, oficio y profesión es lo que le genera ingresos no necesariamente en una jornada laboral para una empresa o compañía. Hay innumerables trabajos, oficios y profesiones. No siempre se necesita cumplir una jornada laboral en una empresa, ni ir a un sitio a hacer su trabajo. Muchas personas hacen su trabajo en sus propias casas. El trabajo no es malo, es indispensable, pero la manera más sabia es trabajar para uno mismo, no para otro.

¿Qué es el dinero?

Estamos acostumbrados a relacionar el dinero solo con billetes y monedas. El billete o la moneda es el dinero efectivo, el circulante, pero existe otro tipo de dinero llamado dinero electrónico, y es el más usado hoy en día.

El efectivo generalmente se usa entre individuos. Actualmente el dinero más corriente es el dinero electrónico, especialmente en los países desarrollados del primer mundo. Hoy en día todo el que tiene una cuenta bancaria usa tarjetas de débito o crédito, y cheques para pagar.

A un empleado de una empresa le pagan con un cheque, este dinero electrónico lo deposita en el banco, y con su tarjeta de banco hace compras y paga los servicios. En muchas ocasiones se pagan los servicios por internet.

¿Cuál es el concepto de dinero?

El dinero es un medio de intercambio por un servicio o entre individuos. Con dinero pagamos todo lo que usamos y necesitamos. Estamos dando dinero a cambio de un servicio y viceversa.

Antiguamente se usaba como dinero sal y ganado, y en otros casos animales como caballos, camellos, etc. Cuando se descubre el metal, se le da valor a este, y de ahí comienza a usarse como modo de intercambio. Posteriormente se crean las monedas en oro, plata, cobre y por último los billetes y el dinero electrónico. A partir de la segunda década del siglo 21 hemos comenzado a ver una nueva moneda que ya no es la divisa convencional, y se llama el bitcoin del cual hablare más adelante.

¿Cómo generamos dinero?

Como dije antes, no solo trabajando una jornada laboral se genera o se gana dinero. Hay muchas formas de ganar dinero, como, por ejemplo, cuando vendemos algo, estamos cambiando algo nuestro por dinero. Y el otro caso es invirtiendo una suma de dinero. Cuando hablamos de inversiones tenemos que tener en cuenta que dinero es desde un centavo hasta infinito.

Para muchas personas un centavo o menos de un dólar en ganancias por interés no es dinero, incluso piensan que menos de $10 dólares en ganancias por interés o por comisiones no es dinero. Pero si usted acumula 10, 20 o 50 centavos diarios, es un dinero que se multiplica; y aunque en un mes, dos o más, le siga pareciendo que no es mucho lo que gana, llegará el momento que se convierta en miles y millones de dólares. Y aún más, si se incrementa haciendo redes, o sea, compartiendo el concepto y el negocio con otros.

También muchas personas creen que un numero de dos, tres y cuatro dígitos es mucho dinero, pero en el mundo de las inversiones, cuando se invierte, $100, 1000 o 9999 dólares no es mucho dinero. Recuerde que mientras más se invierta más se gana, pues cuando se invierte, estamos poniendo el dinero a trabajar para nosotros y no nosotros para el dinero. Usted invierte según lo que es capaz de invertir, pero con algo se empieza.

Para esas personas que piensan tanto que un centavo no es dinero (como ganancia residual, por comisión o interés), como que $1000 y $9999 es mucho dinero (como inversión), les costará trabajo crecer como inversionistas y progresar como individuos. Somos más dados a comprar y acumular cosas que se pierden con el uso, a invertir para nuestro futuro y de nuestra familia. Recuerde que lo que usted haga hoy repercute mañana.

La mayoría de la gente vive en una constante crisis financiera. No por el hecho de las crisis económicas mundial que surgen por tiempos, sino por los malos hábitos y la manera de pensar. Creemos que solo ganaremos dinero trabajando, y mientras más duro y más trabajemos, más dinero ganaremos.

Cuando logramos ganar dinero extra, lo gastamos o nos endeudamos, de manera, que nos esclavizamos a las deudas y al trabajo o a los trabajos. Entonces seguimos la corriente de mediocridad y seguimos cada día trabajando más, gastando más, endeudándonos más, y, aun así, no nos alcanza. Le robamos el tiempo a nuestros hijos, pues no nos alcanza para criarlos y educarlos. Malgastamos nuestra salud y nos estresamos por exceso de trabajo y deudas, terminamos enfermos y con problemas matrimoniales.

Hay muchos tipos de inversiones. Las personas invierten en un negocio de servicios, gastronomía o restaurant, en bienes raíces, en la bolsa de valores y en la bolsa de divisas, pero usted puede invertir en lo que ya invierte y ganar lo que nunca gano, ganar lo que le pertenece. Hablamos de Bienes Comerciales.

Creemos que para invertir necesitamos tener dinero de más o dinero extra.

Las personas libres financieramente construyen o hacen redes, las demás están entrenadas para ser empleados.

En el mundo de las inversiones y negocios virtuales, estamos experimentando cambios de moneda electrónica o digital con el fin de evitar la inflación, el control y las sanciones bancarias, y de hacer una manera más rápida las ganancias. Esta se llama **BITCOIN.**

Bitcoin es una moneda digital creada en el año 2009 y que opera sin una autoridad central, lo que significa que no está producida ni sancionada por bancos ni por gobiernos, y por lo tanto no tiene lazos con monedas nacionales. Las transacciones que se llevan a cabo con Bitcoins son hechas de forma colectiva en Internet, lo que significa que transferencias de Bitcoins se pueden hacer, nacional o internacionalmente, transfiriendo cantidades entre dos dispositivos, sin pasar por un banco o institución que medie la transacción. Bitcoin es un proyecto de software libre basado en tecnología P2P y puedes conocer más en su página oficial o en su página de wiki.

Hacia abril del 2013, se calcularon cerca de 12 millones de Bitcoins en circulación, y la especulación sobre de qué tan seriamente se debe de tomar a esta moneda virtual está tomando altura en conversaciones y servicios noticiosos.

¿Cómo funciona esto del Bitcoin?

Básicamente un usuario que quiere comenzar a usar Bitcoin debe de hacerse de una cartera o billetera virtual especial para Bitcoins, que es un software que instalas en tu computadora o en tu dispositivo móvil (puedes conseguir una en la página de oficial de Bitcoin).

Esta billetera genera una dirección única y específica para ti, misma que necesitarás compartir si deseas hacer transacciones. Cada billetera tiene una llave privada (creada con algoritmos de criptografía), que se usa para hacer firmas digitales y que verifican identidad y evitan que se hagan alteraciones a las transacciones.

Las transacciones con Bitcoins son verificadas usando un registro público compartido, llamado blockchain, que mantiene absolutamente todas las transacciones que se hacen, sin excepción. El blockchain se encarga de asegurarse de que un usuario efectivamente tiene la cantidad de Bitcoins que pretende gastar.

Una transacción con esta moneda virtual es en realidad una transferencia de una cantidad entre dos billeteras (o direcciones) de Bitcoin. Las transacciones son trasmitidas y confirmadas en la red mediante un proceso llamado mining.

Mining es un sistema distribuido que se usa para confirmar e incluir transacciones en el blockchain, manteniendo un orden cronológico y distribuye el proceso en diversos equipos de cómputo. Parte de lo que hace este sistema es implementar varios niveles de seguridad que evitan la manipulación o alteración de las transacciones que se llevan a cabo.

Puedes informarte más en google y youtube.

Las cinco cosas que debes saber si estás considerando usar Bitcoin

1. Bitcoin es experimental. Lo que significa que su aceptación y uso en el futuro es todavía incierto.

2. El precio de Bitcoin no está estable. Bitcoin se debe considerar como un activo de alto riesgo, y nunca debes almacenar dinero que no puedes permitirte el lujo de perder con Bitcoin. Debes de tratarlo como una moneda para adquirir cosas, no como un vehículo de inversión.

3. La billetera debe ser protegida. Considera seriamente el uso de tu billetera de Bitcoin, no es un juguete y no debes de cuidarlo tal como cuidas tu billetera en el mundo real.

4. Los pagos con Bitcoin no son reversibles. Sólo la persona que recibe los fondos puede reembolsar un pago hecho con Bitcoin.

5. El uso de Bitcoin no es anónimo. Todas las transacciones se almacenan en público, lo que significa que cualquiera puede ver el saldo y transacciones de cualquier dirección Bitcoin, aunque la identidad del propietario es asociada hasta que la información personal es revelada por el propietario durante un intercambio.

Pasos para seguir si quieres usar Bitcoins

Si quieres entrar al mundo de Bitcoin, recuerda que se trata de un mundo de alto riesgo. Estos pasos son simplemente una guía para usar Bitcoins, con los que no sugiero ni pretendo animarte a que uses este tipo de moneda. El uso de Bitcoin es totalmente una decisión personal y, si decides usar esta moneda, te recomiendo que te mantengas al tanto de cómo evoluciona su aceptación y nivel de confianza en el mundo de transacciones en línea.

1. Obtén una billetera. Puedes conseguir una en la página de oficial de Bitcoin (hay varias opciones). Las billeteras están disponibles para Windows, Mac y Linux, o puedes usar la versión de Android para tu dispositivo móvil. También puedes optar por usar una en línea.

2. Obtén Bitcoins. Puedes ver si hay quienes te pueden proveer de Bitcoins en tu área visitando la página LocalBitcoins.com o TradeBitcoin.com. También puedes obtenerlas mediante casas de cambio de Bitcoins como Bitstamp o CampBX. Puedes adquirir Bitcoin usando cuentas bancarias con la página Bitinstant. Lo puedes hacer directamente por la pagina de internet de Coinbase y registrarte.

Mi Experiencia con BITCOIN

Cuando por medio de un negocio de especulación en la industria deportiva, a través de apuestas de juegos logre' ganar $1200 que fueron transferidos a mi cuenta de Bitcoin, ya que las transferencias eran solo por medio de Bitcoin, lo deje' allí por unos tres meses en la cuenta ¿y que creen? Pues al chequear nuevamente mi cuenta, tenía acumulado $5900. Lo cual pude usar y aún estoy usando por medio de mi tarjeta SHIFT (Visa) de bitcoin, como un débito, valido en cualquier cajero, compras online y en cualquier parte del mundo. Un dinero que no necesito ni siquiera transferir a mi banco, porque Bitcoin funciona como banco y como bolsa de valor. El dinero lo puedo usar y a la vez puede seguir creciendo de lo que va quedando. Y es que Bitcoin está haciendo ricos en todas partes del mundo.

¿Como crear una cuenta en Bitcoin?

Hay dos formas de crear un monedero Bitcoin. Usted puede crear una cuenta con Blockchain o Coinbase. En mi caso, uso Coinbase y es el que le voy a explicar.

1. Ingrese a www.coinbase.com

El primer paso consiste en registrarse para una cuenta de Coinbase. De este modo dispondrá de un lugar seguro para almacenar sus bitcoins y varios métodos de pago sencillos para convertir su moneda local en bitcoin y viceversa. Cuando ingrese, seleccione el idioma y ponche en "Registrarse" que se encuentra arriba a la extrema derecha.

2. Conectar su cuenta bancaria

Una vez que se registre, conecte su cuenta bancaria. Deberá completar algunos pasos de verificación para poder usar la cuenta.

Una vez completados los pasos de verificación, ya puede empezar a comprar.

3. Comprar y vender bitcoins

Cuando inicie su primera compra, nosotros la completaremos y le entregaremos su bitcoin. (Las ventas funcionan del mismo modo, pero a la inversa.) El precio del bitcoin cambia con el paso del tiempo, así que le mostraremos el tipo de cambio actual antes de que realice la compra.

¿Como iniciar sesión, revisar su cartera, comprar y vender o transferir su dinero bitcoin?

1. Cuando entre a la página de coinbase nuevamente, ponche en donde dice "Iniciar Sesión" arriba en la parte derecha. Usted pondrá el correo electrónico con el cual se registró y la clave. Luego le pedirán que coloque el código que le enviaron al número telefónico que usted registro en su cuenta. Ahí vera que el Dashboard o Pizarra de cómo va la moneda, cuanto crece o disminuye. Ponche en Accounts y donde dice BTC Wallet (Cartera de Bitcoin) vera su dinero actual. No se preocupe s baja. El dinero bitcoin fluctua. Crece más de lo que baja. En el dashboard vera el valor actual y cuanto baja o sube.

2. Si usted quiere comprar más bitcoins para agregar dinero, usted puede ponchar donde dice "Buy/Sell" y al lado izquierdo abajo donde dice "Amount" usted podrá poner la cantidad en dólares que desea comprar, como ya tiene su cuenta bancaria registrada, el pago o la transacción se hará automáticamente.

Para transferir a su cuenta bancaria, usted hará los mismos pasos, pero en lugar de comprar, usted ponchara' donde dice "Sell" y le pasaran la cantidad que usted desea retirar, directamente a su cuenta bancaria que ya está registrada, solo ponga la cantidad donde dice "Amount". Le cobraran $2.50 por la transacción doméstica y $3.50 por la internacional.

Puede chequear siempre que desee, ya sea por teléfono, tablet, laptop o computadora. Siempre la van a pedir reconocer el device o equipo del que usted se está conectando para su seguridad, enviándole un email o correo electrónico el cual usted confirmara.

Entienda que bitcoin no es un dinero prestado, no es crédito, sino es su propio dinero el cual pone a trabajar, a producir, a circular, a fluir a través de esta moneda. Al cual usted puede retirar directamente a su cuenta bancaria personal o usar la tarjeta visa de débito Shift de Coinbase.

¿Como transferir dinero de su cuenta de Coinbase a otra cuenta de Coinbase?

Despues de iniciar sesión, vaya a donde dice "Accounts", luego a donde dice "Send" y usted usar el email de la persona que le va a hacer la transferencia o el BCH address, que es el numero de cuenta de la persona. Ese dato se lo tiene que hacer la persona que usted le va a transferir. Muchas personas prefieren que les pague un dinero de una compra, préstamo o regalo que alguien le haga si tiene una billetera bitcoin con una cuenta en Coinbase en este caso. Claro, si es una persona con visión y entendimiento financiero, si conoce el sentido de Activos que le explique anteriormente. Puesto que así, ese dinero aumentara a través de bitcoin.

Si desea informarse mas sobre bitcoin, visite youtube y coloque bitcoin y le saldrán muchos videos explicándole y muchas formas de invertir por medio de esta moneda. Si aun tiene dudas como hacer las transferencias, en youtube encontrara tutoriales que usted puede visualizar directamente lo que le explico en este libro.

NUMISMATICA

¿Qué es la Numismática?

La numismática es una ciencia auxiliar de la arqueología que trata del conocimiento de las monedas o medallas emitidas por una nación. De igual manera, la palabra numismática es la afición por coleccionar monedas o medallas.

El término numismática es de origen latín, se deriva de la palabra "numisma" que expresa "moneda" y, esta del griego "nomisma", derivada de "nomos" que significa "costumbre o convención".

La numismática se conoce desde el Imperio Romano, pero fue en el siglo XX que se comenzó a tratar como una ciencia, la cual abarca sus estudios en el aspecto teórico e histórico. El primer punto, se refiere al estudio de la nomenclatura, bases de la clasificación, entre otros; a su vez, la parte histórica se encarga de estudiar el desarrollo de la moneda en los diferentes pueblos y sus distintas manifestaciones monetarias.

No obstante, la numismática abarca 2 épocas. En un principio, no existían las monedas no metálicas por lo que se producía intercambios de mercancías y productos y, en consecuencia, los pueblos utilizaron sus productos de mayor valor como moneda. Luego, se originó las monedas metálicas, al principio se usaba los utensilios de metal y lingotes como moneda, luego apareció el peso y, el paso más relevante fue la impresión del primer sello oficial que acredito el peso fijo del lingote.

Actualmente, existe el término exonumia, considerada como una rama de la ciencia numismática ya que no solo estudia las monedas sino también las diferentes formas de dinero como tarjetas de créditos, cheque, bonus, etcétera. El estudio abarca su uso, historia, geografía, economía, entre otros puntos. Asimismo, la notafilia parte de la disciplina numismática la cual se dedica a estudiar, coleccionar y difundir especialmente papel de moneda, billetes y estampillas. En conclusión, la numismática no solo estudia las monedas sino las diferentes formas de dinero.

En relación con la definición dada a la expresión numismática, se debe de aclarar que una persona puede ser numismática sin ser coleccionista o, un coleccionista sin ser numismático o, en su defecto, ambas cosas. Esto es en virtud, de que los numismáticos estudian las monedas o las diferentes formas de dinero y, a su vez, los coleccionistas se caracterizan por poseer objetos monetarios. No obstante, existen individuos numismáticos y coleccionistas, es decir, conservan los objetos monetarios y, estudian los mismos.

Por otro lado, la persona encargada de numismatizar, es decir, de estudiar la numismática o escribir sobre ella se conoce como numismático o, tiene un especial conocimiento de la ciencia en estudio. De igual manera, la expresión numismatografo se relaciona con la persona autora de una o más obras numismáticas.

La ciencia numismática es de suma importancia ya que permite observar y tener conocimiento sobre los intercambios y la economía de los pueblos, así como su historia, geografía, política, religión, costumbres, entre otros puntos. En relación con la numismática se encuentra la paleografía, simbología, iconología, historia del arte, entre otras ciencias que sirven para aportar conocimientos sobre la historia de un pueblo o nación.

¿Como hacer de la numismática un negocio lucrativo sin necesidad de invertir?

Para este tipo de negocio se necesita estudiar el valor de las monedas, informándose bien por las tablas de monedas o por las paginas de valores de monedas y billetes. Hay muchísimas monedas y billete de valor que oscila entre el valor de esta o el valor alcanzado con el tiempo. Todo esto depende quien se la compra y cuanto está dispuesto a pagar. Las ventas se pueden hacer a través de Subastas o de Tiendas o coleccionistas de monedas y billetes o antigüedades, ya sean físicamente en su ciudad o estado o por internet en el motor de búsqueda. La manera mas segura y eficiente es a través de Ebay si tiene cuenta en Ebay, pero les advierto que usted debe tener mucha paciencia y no regalar su tesoro, ya sea una moneda o un billete.

Las monedas tienen un valor según la antigüedad, la importancia histórica, el material con que se fabricó, su peculiaridad que la hace única o la cantidad limitada que salió en el año que se confecciono, lo cual representa un tesoro para los coleccionistas. Muchos coleccionistas son solo negociantes, que luego la revende a museos, otros son numismáticos coleccionistas que tienen pasión por coleccionar cosas históricas y tienen dinero para comprar. Otros son personal o agentes de valores de los museos, que, a su vez, ellos ganan dinero con la exposición de estos tesoros históricos por cada ticket o entrada al museo que se vende.

Para emprender este negocio de su tiempo libre basta solo que se informe bien, que revise todas las monedas que usted se encuentra, pide o le regalan. Para esto es necesario comprar una buena lupa, si es pequeña mejor, para que le quepa en el bolsillo, bolsa o cartera; también un buen imán o magneto, pequeño pero fuerte, el cual puede conseguir en Ebay o Amazon.

Créame que solo basta un centavo dólar para hacerse millonario (a). Mientras mas clara, nítida, definida o conservada la moneda o el billete, más valor tendrá. No se decepcione si una moneda histórica o peculiar tan valiosa que usted tenga o encuentre, no valga casi nada, porque su conservación le ha hecho perder el valor que tiene realmente. Por supuesto que las monedas pueden ser de cualquier país. Hay miles de monedas y miles de billetes que han ganado valor con el tiempo, usted puede informarse en las siguientes paginas o enlaces que aquí le comparto, ya que por el tamaño de este libro las imágenes y los valores no se verían bien. He creado un link o enlace de monedas y billetes de Estados Unidos para que usted lo visite y los imprima si desea:

Monedas US:

https://drive.google.com/file/d/18scIyy69_OnyQTU5XFxZl2y5rqpq f_PQ/view?usp=sharing

Billetes US:

https://drive.google.com/file/d/1OWmyNy32mFHI5cAEwOTIznNjs Kmbi7Qr/view?usp=sharing

Otras páginas:

http://cointrackers.com/blog/11/most-valuable-coins/

https://www.coincollectionmarket.com/es/blog/post/la-moneda-de-un-centimo-que-cuesta-6600-euros-y-otras-emisiones-especiales-variantes-y-errores-de-monedas-de-euro

http://www.elmundo.es/album/f5/comparte/2017/02/13/589c5d b6e2704ead308b45b1_4.html

https://www.impacto.com/collections/monedas-euro

ANTIGUEDADES Y OBRAS DE ARTE

Las antigüedades y obras de artes son tesoros ocultos también que algunas personas tienen sin conocer su valor. No necesita un mapa de un tesoro escondido en una isla o perdido en el océano para usted convertirse en millonario (a). Ha habido casos de personas que por décadas han tenido guardado una antigüedad o pintura valiosa sin saberlo y luego por una coincidencia o sugerencia de alguien, se han dado a la tarea de investigar un poquito por internet y sorprenderse de que hacia tiempo que eran ricos guardando ese tesoro desconocido. Algunos hasta se han deshecho de estos regalándolos, botándolos o vendiéndolos a precios ridículos de barato.

Usted puede encontrar esas antigüedades en Tiendas de antigüedades, de cosas usadas, Pulgueros o Fleamarkets, Garage Sales o Ventas de Garage de personas que se deshacen de cosas que les estorban, que no quieren, que no creen que tengan valor porque son viejas y feas o de parientes fallecidos que las tenían guardadas. Para esto usted necesita ser un viajero y curioso empedernido, rebuscando en cada tienda de estas o en cada venta de casas o incluso cuando visite a alguien, puede preguntarle por el adorno o el objeto ya sea de metal, porcelana o de cuero, imagen (estatua-estatuilla) o pintura de arte, pedirle que le permita tomar una foto, investigaría su valor, y de ser así, ofrecerle luego dinero o un trato justo por su investigación y su disposición de ayudárselo a vender. No diga cómo puede venderlo hasta que no obtenga un trato, si es que quiere ganar usted dinero con eso.

Para esto le recomiendo buscar en Google antigüedades y pinturas perdidas de valor. Podría aquí darle muchos links o enlaces de páginas, pero son tantas, que mejor se lo dejo de tarea. En todos los países del mundo hay antigüedades y obras de valor que se buscan, y sabrá que hay actualmente unos 195 países en el mundo.

Usted me preguntara cual ha sido mi experiencia con esto. Le diré honestamente que hasta ahora nada he ganado con antigüedades ni obras de arte, y tengo algunas monedas en venta por Ebay, pero no son muy valiosas ni están muy bien conservadas, pero no pierdo las esperanzas. Soy una persona actualmente discapacitada y aunque camino, lo hago lento y no tengo ya la energía suficiente para eso; aunque he ayudado a personas a vender monedas y he ganado un dinerito con eso.

SOBRE EL AUTOR

Milco Baute: Escritor, filósofo y profesor cubano americano.

Nació en La Habana-Cuba el 26 de Noviembre de 1967.

Comenzó a escribir artículos desde 1992. El 10 de diciembre de 1995 se muda a los Estados Unidos y en el año 2001 se convierte en ciudadano americano.

Estudio Filosofía en un curso online de la Universidad de Edinburgh del Reino Unido graduándose en 2016.

Desde el 2008 hasta el 2017 ha publicado más de 10 libros en inglés y español. Tiene su propia editorial donde escribe, publica y distribuye para otros autores.

Curso estudios de dibujo, fotografía, cámara de cine, producción y edición. Es también graduado en Sistema de Energía Eléctrica en La Habana, Cuba como técnico medio.

LIBROS DE MILCO BAUTE:

• El camino hacia la Libertad Financiera.

• ¿Como hacer crecer mi congregación?

• Salud, Ahorro y Dinero.

• El Mejor Negocio.

• Frases, Expresiones y Proverbios para la Vida.

• Quotes, Expressions and Proverbs for Life.

• Lo que ellos no quieren que sepas.

- Lo que ellos no quieren saber.

- A mis hijos.

- Los errores de las iglesias cristianas.

- ¿Por qué Donald Trump?

- Why Donald Trump?

- Los logros de la administración Trump en su primer año.

- MET 16 Preparando Electricistas.

- Racismo en América.

- Conceptos.

- Comunismo en América.

- Fascismo en América.

- Negocios lucrativos no convencionales.

- La invasión inmigrante y el cambio demográfico.

   Disponibles en Lula, Amazon, Barnes & Noble, Ebay y otros.

Enlace para el Libro digital o electrónico EBOOK:

Puede escribir este link en su buscador de internet de su teléfono, tablet, laptop o computadora y luego grabarlo como archivo o bookmark para abrirlo siempre que quiera.

https://drive.google.com/file/d/1Lg52vYhQsrsaZZpMt2hK8Au3Fw 9LxUS2/view?usp=sharing

Creado por: Editorial Baute Production
www.baute.webs.com/bauteproduction.htm
Tel. (813) 693-8879 Email: milcobaute@usa.com
Editado en Tampa, Florida. Año 2017

www.ingramcontent.com/pod-product-compliance
Lightning Source LLC
Chambersburg PA
CBHW021926170526
45157CB00005B/2208